Schneider-Buch

Dieses SchneiderBuch
gehört

Geschenkt von

CIP-Kurztitelaufnahme der Deutschen Bibliothek

Inkiow, Dimiter:
Eine Geisterreise um die Welt / Dimiter Inkiow.
– München : F. Schneider, 1987.
(Erstes Wissen)
Nebent.: Erzähl mir von der Erde
ISBN 3-505-09538-9

NE: NT

Schneider-Buch

8000 München 46 · Frankfurter Ring 150

Titelbild/Illustrationen: Michaela Reiner, Fischbachau
Umschlaggestaltung: Hansjörg Langenfass, München
Herausgegeben von Monika Raeithel-Thaler, München
Herstellung: Brigitte Matschl
Satz/Druck: A. Huber GmbH & Co. KG, München
ISBN: 3 505 09538-9
Bestell-Nr.: 9538

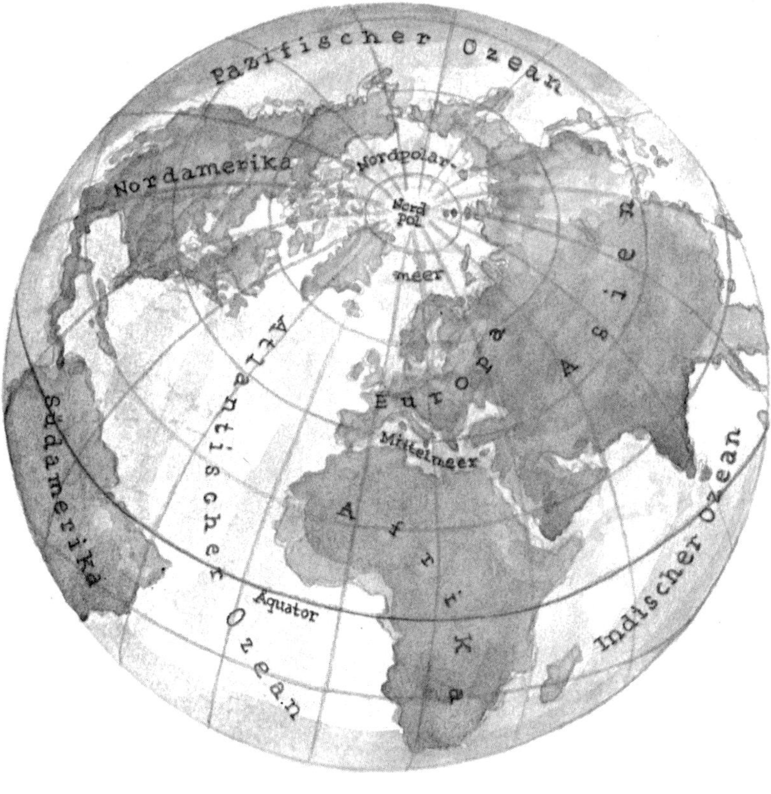
Pazifischer Ozean
Nordamerika
Nordpolar-
Nord
Pol
meer
Atlantischer Ozean
Europa
Asien
Südamerika
Mittelmeer
Afrika
Äquator
Indischer Ozean

DIMITER INKIOW
EINE GEISTERREISE UM DIE WELT
Illustriert von Michaela Reiner

Inhalt

Das geheimnisvolle Buch

Zwei Geister wachen auf

Das Buch war groß. Wie zehn Schulbücher zusammen. Der Einband war aus Holz, mit Leder überzogen und mit Gold beschlagen. Das Buch war mit einem Vorhängeschloß abgeschlossen. Solche Bücher besaßen früher Fürsten und Könige. Heute kann man sie in Museen anschauen.
Der Direktor des Museums war sehr stolz, daß sein Museum das Buch vor einigen Tagen auf einer Auktion erworben hatte.
Er trug das Buch höchstpersönlich ganz, ganz vorsichtig, zu seinem Schreibtisch. Er wollte es allein durchblättern und bewundern, bevor es in einer Vitrine ausgestellt wurde.
Er nahm den Schlüssel für das Vorhänge-

2 9538-8

schloß und öffnete es. Vorsichtig schlug er das Buch auf.
„Mein Gott, wie schön es ist“, seufzte er. „Wie gut, daß unser Museum es kaufen konnte.“

*

„Wie gut, daß er es gekauft hat“, sagten gleichzeitig zwei Geister, seufzten erleichtert und flogen aus dem aufgeschlagenen Buch heraus.
Es waren zwei Langschläfer-Geister.
Sie waren vor einigen hundert Jahren in dem Buch eingeschlafen. Und als sie wach wurden, mußten sie feststellen, daß das Buch abgeschlossen war. Sie lagen plattgedrückt zwischen den Seiten wie in einem Gefängnis und konnten nicht heraus.
In ihrer tiefen Verzweiflung schliefen die Langschläfer-Geister wieder ein. Dann wurden sie wieder wach und stellten fest, daß das Buch noch immer zu war. Jetzt mußten die armen Langschläfer-Geister plattge-

drückt zwischen den Seiten wach bleiben. Sie konnten diesmal nicht weiterschlafen, und dafür gab es einen ganz triftigen Grund: Die Langschläfer-Geister müssen alle hundert Jahre eine gute Tat tun. Sonst können sie nicht ruhig schlafen.

Es waren aber mehr als zweihundert Jahre vergangen, seit sie plattgedrückt zwischen den wunderschönen Buchseiten lagen. Sie wunderten sich darüber und fragten sich: „Was ist auf der Welt los? Warum öffnet kein Mensch das Buch? Können die Menschen vielleicht gar nicht mehr lesen? Weil sie nur fernsehen?“

Daß es inzwischen Fernsehen gab, wußten die Geister. Geister wissen sehr viel und ahnen auch viel voraus.

„So wird es sein“, sagte der eine Geist zu dem anderen. „Die Menschen schauen ununterbrochen fern, und sie können gar nicht mehr lesen. Deshalb öffnet kein Mensch das Buch.“

„Ja, so muß es sein,“ nickte der andere. „Sonst hätte man das Buch schon längst

geöffnet. Was machen wir nur?"
Die Geister ahnten nicht, daß das Buch die ganze Zeit in einem Banksafe gelegen hatte. Weil es sehr alt war und deshalb sehr, sehr teuer. Und niemand wußte natürlich, daß zwischen seinen Seiten zwei plattgedrückte, unglückliche Langschläfer-Geister lagen, die überhaupt nicht mehr schlafen konnten, weil sie seit viel zu langer Zeit keine gute Tat mehr vollbracht hatten.
Als der Museumsdirektor das Buch öffnete, flogen die Langschläfer-Geister heraus und setzten sich ans Fenster. Sie sahen ganz plattgedrückt aus. Einfach schrecklich.
„Ein Glück, daß wir noch fliegen können", sagten sie zueinander.
„Wir müssen sofort etwas Gutes tun."
„Das stimmt."
„Damit wir endlich wieder schlafen können", sagte der erste Geist.
„Wir waren ja so lange wach", gähnte der zweite.
Sie spitzten beide die Ohren, machten sie ganz, ganz lang und drehten sie nach allen

Richtungen. Und auf einmal strahlten ihre Augen. Sie wußten genau, was sie tun konnten.

*

Es war Sabine, die kleine Tochter des Museumsdirektors, zu der die Langschläfer-Geister flogen. Warum? Weil Sabine in ihrem Zimmer schrecklich heulte. Der Museumsdirektor hörte ihr Heulen aber nicht. Er war viel zu sehr mit dem alten Buch beschäftigt.

„Weine nicht, weine nicht“, wisperten die beiden Langschläfer-Geister ihr ins Ohr, als sie ins Zimmer geflogen kamen.

„Warum weinst du denn überhaupt?“

„Weil die Kinder aus meiner Klasse über mich gelacht haben. Und Oliver gesagt hat, ich sei dumm“, schluchzte Sabine.

„Wieso denn?“

„Weil ich nicht wußte, wieviel Erdteile die Erde hat.“

„Und deshalb weinst du jetzt?“

„Weil ich schon wieder vergessen habe, wieviel Erdteile es sind.“

Wie viele Erdteile gibt es?

Die Langschläfer-Geister kennen einen Trick

„Das ist ganz einfach zu behalten“, meinte der erste Geist.
„Es sind so viele, wie du Finger an der Hand hast.“
„Fünf.“
„Genau. Wenn der Lehrer dich fragt, wie viele Erdteile es gibt, dann brauchst du nur deine Hand anzuschauen.“
„Fünf. Das ist ja babyleicht“, freute sich Sabine.
„Und dann gibt es noch einen Trick, wie man die Namen behält.“
„Würdet ihr mir den verraten?“
„Es ist ganz einfach. Wenn du die Namen der Erdteile aufzählst, mußt du wieder an die ‚Fünf‘ denken, diesmal an den fünften Buchstaben: A–B–C–D–**E**. Mit ‚E‘ beginnt Europa,

und das nennst du immer zuerst. Alle anderen Erdteile beginnen mit ‚A‘: Asien, Afrika, Amerika und Australien. Ist das nicht babyleicht?“

„Stimmt. Darum haben alle gelacht, als ich sie nicht wußte. Und deshalb hat Oliver gesagt, ich sei dumm!“

„Dumm ist derjenige, der so etwas Dummes sagt. Natürlich bist du nicht dumm. Kein Kind ist heutzutage dumm. Was Kinder heute wissen, wußten früher nicht einmal die klügsten Lehrer, Wissenschaftler, Minister und sogar Könige. Das kannst du uns glauben.“

„Wirklich?“

„Aber natürlich. Heute weiß zum Beispiel jedes Kind, daß unsere Erde rund wie eine Kugel ist. Meinst du, daß die Könige das früher gewußt hätten?“

„Wußten sie es etwa nicht?“

„Nein. Früher glaubten auch die klügsten Menschen, die Erde sei flach wie ein Teller. Niemand konnte sich die Erde rund wie einen Ball vorstellen.“

„Woher wißt ihr das?“

3 9538-8

Europa
Afrika
Asien
Amerika
Australien

„Woher? Wir waren ja dabei. Weißt du, was wir sind? Wir sind zwei Langschläfer-Geister."

„Was heißt das?" wunderte sich Sabine.

„Das heißt", erklärte ihr bereitwillig der erste Geist, „wir sind Geister, die sehr gern schlafen. Wir schlafen manchmal jahrhundertelang."

„Und wenn wir aufwachen", fügte der zweite hinzu, „dann wundern wir uns immer, wie klug die Menschen geworden sind. Nur diesmal sind wir nicht so sicher."

„Warum denn?"

„Wegen des Fernsehens. Die Menschen sehen viel zuviel in den Fernseher, anstatt miteinander zu reden oder zu lesen. Es kann sein, daß sie jetzt langsam dümmer werden. Ich könnte mir vorstellen, daß sie eines Tages Lesen und Schreiben verlernen."

Ist die Erde rund?

Die Geschichte von Elefanten und Glaskuppeln

Jetzt wurde Sabine natürlich schrecklich neugierig. Sie vergaß zu weinen. Sie wollte sich die Langschläfer-Geister von allen Seiten ansehen.
Sie putzte sich die Nase, wischte sich die Tränen weg.
Und dann sagte sie: „Ihr seht aber sehr komisch aus, muß ich euch sagen."
„Wieso? Wir sehen aus wie ganz normale Langschläfer-Geister. Alle Langschläfer-Geister sehen genauso aus wie wir. Was findest du an uns komisch? Du hast sicher noch nie einen Langschläfer-Geist gesehen. Stimmt 's?"
„Stimmt!" gab Sabine zu.
„Wir finden, daß die Menschen sehr komisch aussehen. Zum Beispiel – warum habt ihr keinen Schwanz? Wir haben uns darüber

einmal mit Affen unterhalten. Sie fanden es auch sehr komisch, daß die Menschen keinen Schwanz haben."

„Ich finde das aber ganz normal", widersprach Sabine.

„Ja, so ist das. Jeder findet das normal, woran er gewöhnt ist. Aber keiner denkt darüber nach, daß das, was er normal findet, für andere manchmal gar nicht normal ist", sagte der erste Geist.

Der zweite meinte: „Wir könnten dir Wunderdinge darüber erzählen, wie sich ‚das Normale' im Laufe der Zeit verändert. Weil wir es immer wieder erleben, wenn wir nach einem Schläfchen aufwachen."

„Mir passiert so was nie", meinte Sabine.

Die Langschläfer-Geister lachten. „Dafür gibt es einen triftigen Grund, Mädchen", sagten sie. „Bei uns dauert so ein Schläfchen – bitte, fall jetzt nicht in Ohnmacht – mehrere Jahrhunderte. In dieser Zeit verändert sich das Normale oder das, was die Menschen für normal halten. Hohoho – wir könnten dir Sachen erzählen, du würdest dich

wundern."
„Dann erzähl doch . . ."
„Wie wir dir schon gesagt haben: früher dachten die klügsten Menschen, die Erde sei flach wie ein Teller. Keiner konnte glauben, daß sie rund ist."
„Aber man kann die Rundung doch sehen", sagte Sabine. „Als Mama, Papa und ich letztes Jahr in Griechenland waren, haben wir die Sonnenuntergänge beobachtet. Da konnte man die Rundung echt sehen."
„Das stimmt. Aber früher sagten selbst die klügsten Menschen, eine Erde, rund wie ein Ball, sei unmöglich."
„Warum sollte das unmöglich sein?"
„Weil dann die Menschen auf der anderen Erdseite mit beiden Beinen nach oben stehen und mit dem Kopf nach unten gehen müßten. Dann müßte der Regen von unten nach oben fallen. Die Blumen und die Bäume müßten mit den Wurzeln nach oben wachsen und mit den Ästen und Halmen nach unten. In Wirklichkeit ist es ja auch so."
„Oh!" wunderte sich Sabine. „Das stimmt.

Merken die Menschen auf der anderen Erdseite das gar nicht?"
„Genausowenig, wie du es merkst."
„Ich stehe aber nicht auf der Erde mit den Füßen nach oben und dem Kopf nach unten."
„Doch, doch."
„Ihr spinnt ja."
„Für die Menschen, die auf der anderen Seite der Erde leben, stehst du echt mit dem Kopf nach unten. Denk nur darüber nach."
„Und warum falle ich dann nicht runter?" fragte Sabine.
„Weil die Erde dich mit großer Kraft festhält, du merkst es nur nicht. Das nennt man die Anziehungskraft der Erde."
„Es ist sehr schwer, sich das vorzustellen", sagten nach einer kurzen Denkpause die Geister. „Auch für uns, heute noch, obwohl wir es ganz genau wissen. Darum waren die Menschen jahrtausendelang davon überzeugt, daß die Erde flach sei. Wie ein Fladenbrot. Natürlich machten sie sich sehr viele Gedanken darüber, wo die Welt aufhört. Und in dieser Frage waren sie sehr oft ganz ver-

schiedener Meinung. Wir können dir noch mehr tolle Sachen darüber erzählen.
In Indien war man sicher, die flache Erde würde von drei riesigen Elefanten getragen. Warum Elefanten, ist ja klar. Nur Elefanten, meinten die Gelehrten, könnten eine so schwere Last wie die Erde tragen. Wenn die Elefanten sich von Zeit zu Zeit bewegten, käme es zu Erdbeben. Natürlich blieb die Frage, worauf denn diese Elefanten stünden, denn sie mußten ja auf irgend etwas stehen. Sie konnten ja nicht einfach in der Luft schweben wie Geister. Deshalb meinten die Gelehrten nach langem Überlegen, die Elefanten würden von einer riesigen Schildkröte getragen, die in einem Meer schwimmt.
Warum in einem Meer, wirst du sicher fragen.
Dafür gab es für die Menschen, die damals lebten, viele Beweise. Zum Beispiel: Ganz egal, in welche Richtung man reiste, immer stieß man ans Wasser. Ans Meer. Und dafür, daß die flache Erde im Wasser schwimmt, gab es für die Professoren noch andere

4 9538-8

Beweise: Wenn man in die Erde bohrt, stößt man immer irgendwann auf Wasser. Sie glaubten, daß die flache Erde unten wie ein mit Wasser vollgesogener Schwamm sei. Deshalb könnten wir auch Brunnen graben."
„Aber auf der Welt gibt es Vulkane, die Feuer und heiße Steine ausspucken. Wußten das die Menschen damals nicht?" fragte Sabine.
„Doch, doch!" lachten die Geister. „Sie wußten es ganz genau. Aber sie überließen die Sache dem Teufel. Sie meinten, dort, wo die Erde Feuer spuckt, ist die Hölle. Dort sitzt der Teufel.
Im Norden, wo es keine Elefanten gibt, meinten die klügsten Menschen, die Erde stehe auf dem Rücken von drei riesengroßen Walfischen, die im Weltmeer schwimmen. Aber sie fragten sich auch: ‚Wo ist das Ende dieses Meeres? Wohin kommt man, wenn man in dem Weltmeer immer weiter segelt? Fällt man in einen Abgrund? Dann muß auch das Wasser des Meeres in diesen Abgrund fallen wie ein Wasserfall. Wenn aber das Wasser ewig in diesen unglaublich großen Abgrund

fällt, dann müßte das Weltmeer eigentlich eines Tages völlig leer sein!
Ja, so dachten die klügsten Menschen, und sie dachten weiter daran herum, und dann glaubten sie eine Antwort gefunden zu haben . . ."

„Daß die Erde rund ist!" rief Sabine.

„Nein, nein – daß das Weltmeer an einer Glaswand ende. Sie stellten sich vor, die flache Erde sei mit sieben Glaskuppeln bedeckt wie mit Käseglocken . . .
Auf diesen Glaskuppeln befänden sich die Sterne. Die Kuppeln würden durch eine göttliche Kraft gedreht. Darum sähe man, wie die

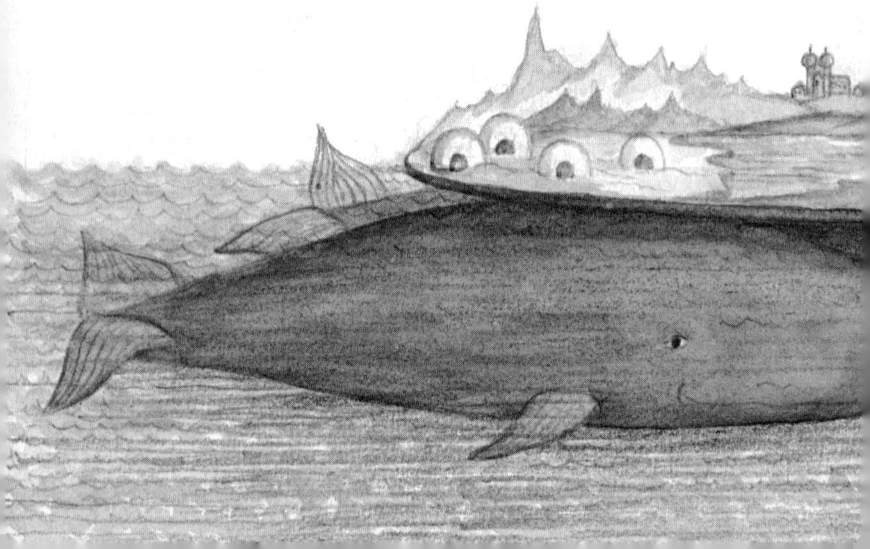

Sterne und der Mond sich jeden Tag einmal um die Erde drehen. Einige Kuppeln drehten sich schneller, andere langsamer. Nur die letzte Glaskuppel würde sich nicht drehen. Auf ihr lägen die unbeweglichen Sterne.
Die Gelehrten waren sich sicher: Irgendwann würde die Zeit kommen, wo die Menschen mit riesigen Schiffen bis ans Ende der Welt fahren würden, dorthin, wo die Himmelskuppeln das Meer berühren."
„Haben sie es auch versucht?" wollte Sabine wissen.
„Natürlich. Dabei haben sie einige Inseln entdeckt."

„Aber – warum glaubten sie an sieben Kuppeln?" fragte Sabine. „Warum nicht an drei oder vier oder fünf?"
„Weil die Menschen, die die Sterne beobachteten, entdeckten, daß die Himmelskörper verschiedene Bewegungen machten. Einige Sterne blieben immer an demselben Platz, wie angenagelt. Die nannte man die unbeweglichen Sterne. Viele andere Himmelskörper aber bewegten sich ununterbrochen. Und diese Bewegungen mußte man irgendwie erklären. Man ging von der Überzeugung aus, die Erde sei der Mittelpunkt des Universums. Man konnte sich gar nicht vorstellen, daß die Sterne, die wir nachts beobachten, tausend- und millionenmal größer als die Erde sind."
Jetzt war aber auch Sabine baff: „Sind die wirklich so groß? Warum sehen sie dann so klein aus?"
„Weil sie unwahrscheinlich weit von uns entfernt sind", erklärten ihr die Langschläfer-Geister.
„Wie weit?"

„Oh, das ist sehr schwer zu erklären. Du mußt jetzt deine ganze Vorstellungskraft anstrengen. Paß mal auf: Am schnellsten in der Welt bewegt sich das Licht. Mit dreihunderttausend Kilometern pro Sekunde. Kannst du dir das vorstellen?"
„Nein. Überhaupt nicht."
„Dann stell dir einen Lichtstrahl vor, der sich der Erde nähert. Wenn du dich mit seiner Geschwindigkeit bewegen könntest, würdest du in nur einer Sekunde – während du ‚eins' sagst – siebeneinhalbmal rund um die Erde fliegen. Oder 25mal von Deutschland nach Amerika und zurück."
„Ogottogott. Mir wird schon schwindlig, wenn ich nur daran denke", seufzte Sabine. Ihre Augen wurden kugelrund und sehr groß, weil sie sich alles sehr gut vorstellte.
„So ein Lichtstrahl braucht aber Hunderte und auch Tausende von Jahren, bis er von einem weit entfernten Stern zu uns kommt", sagten die Geister.
„Ist die Welt soooo groß?"
„Das nennt man Universum, Sabine. Und das

hat kein Ende. Es ist ewig und unendlich. Und weil die Entfernungen zwischen den Sternen so groß sind, mißt man sie nicht in Tausenden oder Zehntausenden von Kilometern, sondern in Lichtjahren. Du hast schon verstanden, was ein Lichtjahr ist?"

„Ja. Das ist der Weg, den ein Lichtstrahl in einem Jahr zurücklegt, wenn er fliegt."

„Du bist ein kluges Kind."

Sabine seufzte wieder: „Ich kann mir aber die Unendlichkeit nicht vorstellen. Ich versuche es und versuche es. Es gelingt mir einfach nicht."

„Das ist auch schwierig, weil ihr Menschen immer mit Dingen zu tun habt, die einen Anfang und ein Ende haben. Andererseits – so schwierig ist es auch nicht, wenn man an die Zahlen denkt."

„Und . . . wie soll ich an die Zahlen denken?"

„Denk nur, daß du zu jeder Zahl noch eine dazuaddieren kannst. Tausend plus eins . . . eine Million plus eins . . . hundert Millionen plus eins . . . Und so weiter und so weiter, unendlich weiter."

5 9538-8

„Ihr Super-Langschläfer-Geister – ich glaube, ich habe es begriffen."
„Wir haben ja gesagt, du bist ein kluges Kind . . ."

Bekanntschaft mit den alten Griechen

Die Langschläfer-Geister zaubern

Die beiden Langschläfer-Geister wollten jetzt einschlafen. Sie dachten, die gute Tat hätten sie getan.
Sie gähnten schon.
Sie wollten sich verabschieden, um sich eine neue Schlafstelle zu suchen.
Aber Sabine hatte noch zu viele Fragen.
Als sie merkte, daß die Langschläfer-Geister sich bald auf die Socken machen wollten, begann sie wieder fürchterlich zu heulen:
„Uhuuu – uhuuu – uhhhhhuuu!"
„Was ist denn los mit dir?"
„Ihr habt mich so neugierig gemacht auf die Erde, und jetzt verschwindet ihr wieder."
„Wir möchten aber schlafen. Du vergißt – wir sind zwei Langschläfer-Geister", sagte der eine.

„Was wir am liebsten machen, ist schlafen“, gähnte der andere.
„Was ich aber jetzt am liebsten mache, ist reden. Wenn ihr mich allein laßt, werde ich ewig weinen, eine Ewigkeit lang!“
„Du weißt doch gar nicht, was eine Ewigkeit ist“, widersprachen die beiden Geister im Chor.
„Doch, doch. Ich werde immer weiterweinen. Auch wenn ich aufhören muß, werde ich immer wieder weiterweinen. Wenn ihr jetzt

weggeht, werde ich für immer unglücklich. Und ihr seid daran schuld."
„Wieso denn wir?"
Die Langschläfer-Geister schauten sich gegenseitig bestürzt an.
„Wenn das wahr ist, was die Kleine sagt", flüsterten sie sich zu, „dann werden wir nie mehr ruhig schlafen. Wir dürfen sie jetzt in keinem Fall allein lassen. Obwohl wir jetzt sooo gern schlafen würden."
Der erste gähnte.
Der zweite gähnte auch.
Dann gähnte wieder der erste.
Jetzt heulte Sabine ganz laut: „Uhuuu – huuu – huuu!"
„Bitte nicht weinen!"
„Nicht weinen!"

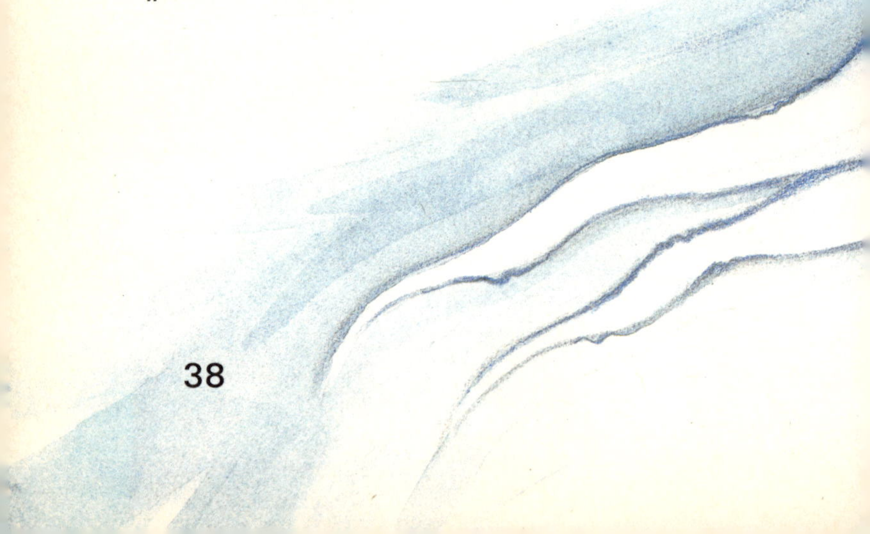

„Wir bleiben bei dir."
„Wir gehen nicht weg."
„Wir werden deine Geister sein. Bis du glücklich bist und uns schlafen läßt", versprachen die Langschläfer-Geister.
„Na gut. Dann tut was für mich."
„Was sollen wir tun?"
„Ihr seid zwei Geister. Langschläfer-Geister, aber dennoch Geister. Könntet ihr jetzt nicht auch noch andere Geister herbeirufen?"
„Was für Geister?"
„Zum Beispiel die Geister der klügsten Menschen aus früheren Jahrhunderten, die sich Gedanken über die Erde machten. Ruft sie her, und laßt sie reden."
„Das du aber keine Angst bekommst!" warnten die beiden.
„Ich habe keine Angst vor Geistern. Vor euch ja auch nicht. Geister können einem Menschen nichts Böses tun, weil sie Luft sind – eben Geister."
„Na gut. Dann paß mal auf. Wir rufen jetzt die Geister der alten Griechen. Der alten griechischen Philosophen. Gib uns deine Hände.

Wir werden einen Kreis bilden, uns an der Hand halten, und wenn wir alle zusammmen die Beschwörung singen, dann kommen die Geister, die wir rufen. Gib uns jetzt deine Hände und sage uns nach:

„Mister – Master – Meister,
kommt her ihr alten Geister.
Wiegen – Wagen – Wogen,
kommt hierher geflogen.
Keile – Pfeile – Seile,
kommt in großer Eile.
Pythagoras – Aristoteles – Ptolemäus –
wir warten auf euch."

Und jetzt, jetzt geschah das Wunder.
Ein Gesicht schwebte plötzlich in der Luft.
Ein Geist war da.
„Ich bin *Pythagoras"*, sagte der Geist. „Ich habe im sechsten Jahrhundert vor Christi Geburt gelebt. Ich habe mich mit Philosophie, Geometrie und Mathematik beschäftigt. In der Schule lehrt man noch heute zweieinhalbtausend Jahre nach meinem

6 9538-8

Tode – den *Lehrsatz des Pythagoras.* Ich war der erste Mensch, der auf den Gedanken kam, daß die Erde rund ist. Aber ich konnte es nicht beweisen. Es war damals unmöglich!"
Das Gesicht verschwand. Ein anderer Geist nahm seinen Platz ein.
„Ich bin *Aristoteles.* Ich habe zweihundert Jahre nach Pythagoras gelebt, und ich habe diesen großen Mann bewundert. Ich konnte beweisen, daß die Erde rund ist, aber nur wenige Menschen haben es mir geglaubt. Die Mehrheit lachte mich aus!"
Er verschwand auch.
Dann kam ein dritter Geist und flüsterte: „Ich bin *Claudius Ptolemäus* und habe zweihundert Jahre nach Christi Geburt gelebt. Ich war Mathematiker und Astronom bei Hofe. Über die Erde und das Universum dachte ich so: Wenn man ein neues Dorf baut, setzt man die Kirche und das Rathaus in die Mitte. Also muß die Erde in der Mitte der Welt stehen. Und die Sonne, der Mond und die Sterne müssen sich um sie herum drehen. Dieses Weltbild ist als *geozentrisches System*

bekannt geworden.
Aber es war ein großer Irrtum. Dieser Irrtum blieb mehr als tausend Jahre lang unangetastet. Die großen Seefahrer brachten den

Beweis, daß die Erde rund ist. Aber man hielt fest an dem falschen Glauben, die Erde sei unbeweglich und das Zentrum des Weltalls. Die Astronomen forschten weiter. Und eines Tages kam ein Mann, der meiner Lehre den Todesstoß versetzte: *Nikolaus Kopernikus.* Er ist auch hier. Er folgt mir überallhin nach, weil wir ja zusammengehören. Kopernikus, würdest du dich endlich zeigen?"
„Ja, ja. Schrei nicht so. Ich bin hier."
Plötzlich zeigte sich ein neuer Geist und stellte sich vor:
„Ich bin Nikolaus Kopernikus. Im Jahre 1534 veröffentlichte ich mein Werk ‚Sechs Bücher über die Umläufe der Himmelskörper'. Darin stand geschrieben, daß die Sonne der Mittelpunkt ist, um den die Erde und die anderen Planeten kreisen. Viele waren damals gegen mich. Es war sehr schwer, die Erde plötzlich nicht mehr als Zentrum der Welt zu betrachten. Ein Astronom, *Giordano Bruno,* wurde deshalb auf dem Scheiterhaufen verbrannt."
„Auf dem Scheiterhaufen? Verbrannt? Weil er sagte, die Erde sei nicht der Mittelpunkt?!"

Sabine war empört. „Wer hat so etwas Scheußliches gemacht?"
„Die menschliche Dummheit, Kind. Es gab damals Leute, die dachten, sie könnten Gedanken verbrennen."
„Das tut mir aber schrecklich leid für ihn."
„Wieso? Durch diese dumme Tat ist *Giordano Bruno* für immer in die Geschichte der Menschheit eingegangen. Er wurde verbrannt und dadurch unsterblich."

Der Flug um die Erde

Sabine staunt, und die Geister gehen schlafen

Jetzt wollten die beiden Langschläfer-Geister natürlich abhauen. Sie waren müde nach so vielem Reden und Geisterbeschwören. Aber Sabine wollte sie nicht weglassen. Sie hielt sie beide fest und sagte: „Jetzt habe ich noch einen Wunsch, liebe Langschläfer-Geister."

„Noch einen?"

„Ja. Ist das zuviel?"

„Sabine, wir möchten aber endlich wieder schlafen", jaulten die Geister.

„Ihr habt aber doch vorher so viel geschlafen. Das habt ihr selber zugegeben."

„Ja – aber sehr unbequem."

„Wir brauchen jetzt einen bequemen Platz, damit wir richtig schlafen können."

„So einen Platz kann ich euch zeigen. Dort wird euch keiner stören", versprach Sabine.
„Wo ist das? Wo?"
„Das zeige ich euch später. Wenn ihr mir meinen Wunsch erfüllt habt."
Die Geister gähnten. „Und was ist, wenn wir uns weigern?"
„Dann werde ich weinen. Ich werde euch festhalten und weinen."
„Bitte, bitte nicht. Bitte nicht."
„Sag uns besser deinen Wunsch."
„Ich möchte mit euch rund um die Erde fliegen. Nur einmal."
Die Geister schauten sich gegenseitig an. Einer fragte den anderen: „Was meinst du?"
Dann sagten beide gleichzeitig: „Das läßt sich machen."
„Soll ich mich warm anziehen?" fragte Sabine.
„Das brauchst du nicht. Du mußt nur deine Augen schließen. Und sie nicht öffnen, bevor die Reise zu Ende ist. Wenn du die Augen vorher öffnest, dann wird die Reise unterbrochen: der Zauber wird weg sein. Dann

würdest du dich hier wiederfinden. Hast du uns verstanden?"

„Ja. Aber mit geschlossenen Augen kann ich ja nichts sehen."

„Doch. Du wirst alles sehen. Schließe deine Augen. Halte dich gut an uns fest. Wir fliegen schon."

„Gut. Ich tue alles, was ihr sagt."

„Merkst du jetzt, daß wir fliegen?"

„Ja! Wir fliegen schrecklich schnell, wie drei Raketen."

„Wir müssen so schnell fliegen, damit uns die Erde losläßt. Weißt du, die Erde zieht alles zu sich wie ein riesiger Magnet. Das nennt man die Anziehungskraft der Erde. Das ist das Gewicht von Menschen, Tieren, Dingen. Wenn etwas zwanzig Kilo wiegt, bedeutet das, daß die Erde es mit zwanzig Kilo Kraft zu sich zieht. Was siehst du jetzt?"

„Ich sehe die Meere und die Erdteile. Jetzt liegt die Erde wie ein großer blauer Ball unter uns. Mensch, ist sie schön! Ich sehe, daß wir uns dem Mond nähern, der über unseren Köpfen hängt."

„Gut. Und was siehst du jetzt?“
„Komisch. Die Erde ist plötzlich über uns. Wir fallen nach unten, zum Mond. Wie ist denn das passiert? Die Erde war doch die ganze Zeit unter uns. Wie kann sie auf einmal über uns sein?“
„Weil es im Weltall kein ‚Oben‘ und kein ‚Unten‘ gibt. Wenn wir jetzt auf die Erde zufliegen, wird es so aussehen, als ob sie unter uns läge.“
„Das sehe ich schon. Jetzt sieht es genau so aus.“
„Die weißen Flecken auf der Erde sind der Nordpol und der Südpol. Dort gleiten die Sonnenstrahlen an der Erde vorbei. Deshalb kann sie dort nicht warm werden. Und deshalb liegt dort ewiges Eis. Und in der Mitte, wo die Sonnenstrahlen fast senkrecht auf die Erde fallen, ist es am wärmsten. Dort liegen Afrika und Mittelamerika. Dort ist der Äquator.“
„Verstehe.“
„Jetzt paß auf, Sabine. Wir fliegen noch weiter. Jetzt fliegen wir schneller als das Licht.

7 9538-8

So schnell, wie nur Gedanken fliegen können. Wir werden jetzt von weitem die Sonne beobachten und auch die anderen Planeten des Sonnensystems. Was siehst du jetzt?"
„Oh", wunderte sich Sabine. „Ich sehe die Sonne, wie ein wunderschöner, brennender Ball, riesengroß. Und die Planeten ... einer so groß wie ein Apfel, ein anderer so groß wie ein Fußball ... und noch mehrere. Und ich sehe auch die Erde, so groß wie eine Walnuß. Das hätte ich nie gedacht, daß sie so winzig ist im Vergleich zu den anderen Planeten im Weltall. Die Planeten drehen sich alle um die Sonne herum ... Aber sie bewegen sich auch gleichzeitig mit der Sonne zusammen, alle in eine Richtung. Sie machen gleichzeitig mehrere Bewegungen. Wohin fliegen sie?"
„Kind, das ist ein großes Rätsel. Wir wissen nur, daß sie sich alle bewegen. Wir wissen aber nicht, wo sie eines Tages ankommen werden. Du weißt, wir sind Geister, aber auch uns drehen sich schon die Köpfe, wenn wir daran denken.
Stell dir nur vor: Die Erde dreht sich erstens

ununterbrochen um ihre eigene Achse wie ein Kreisel. In der Höhe von Deutschland ist unsere Erd-Geschwindigkeit so um 130 Meter pro Sekunde – oder 1 200 Kilometer pro Stunde. Gleichzeitig kreist die Erde um die Sonne mit einer Geschwindigkeit von fast 30 Kilometern pro Sekunde – das sind 107 000 Kilometer pro Stunde.
Aber das ist noch nicht alles. Es geht weiter. Mit der Sonne und allen anderen Planeten zusammen fliegt die Erde auf die nächsten Sterne zu. Mit 70 000 Kilometern pro Stunde. Die Sonne und die Erde, zusammen mit den benachbarten Planeten bewegen sich um das Zentrum der Milchstraße mit 220 Kilometern pro Sekunde – das heißt mit 800 000 Kilometern pro Stunde. Das alles ist echt unvorstellbar. Darum öffne jetzt deine Augen. Wir sind zurück!"

*

Das stimmte.
Sabine öffnete die Augen und sah: Sie war wieder zu Hause. In ihrem Zimmer.

„Wenn ich erzählen werde, was ich gesehen habe – kein Mensch wird mir das glauben!“ seufzte sie verwirrt.

„Doch!“ sagten die Langschläfer-Geister. „Man wird es dir glauben. Wenn du zum Beispiel ein Buch schreibst.“

„Ich kann aber kein Buch schreiben. Ich bin noch ein Kind. Ich bin kein Schriftsteller.“

„Dann ruf mal einen Schriftsteller an. Erzähle ihm alles. Er kann ein Buch darüber schrei-

ben. Wir werden das Buch verzaubern. Wenn ein Kind es liest, dann die Augen zumacht und es sich sehr wünscht, dann kann es die gleiche Reise machen wie du. Es kann ins Weltall fliegen. Sogar das Sonnensystem verlassen. Wäre das nicht schön? Jetzt sage uns endlich, wo wir schlafen können."
„Bei uns im Keller. Ich zeige euch den Weg."
„Na endlich!" seufzten die Langschläfer-Geister müde.

*

Habt ihr jetzt mitgekriegt, wie dieses Buch entstanden ist?
Sabine hat mich angerufen und mir alles erzählt. Warum sie mich ausgewählt hat? Weil sie meine Erzähl-mir-Bücher kannte und dachte, ich würde die Geschichte lustig erzählen.
Wo die Langschläfer-Geister jetzt sind, weiß ich nicht.
Sie schnarchen sicher irgendwo.
Es hat mich nur gewundert, daß sie Sabine nicht mit *Galileo Galilei* bekannt gemacht

haben. Wißt ihr, wer Galileo Galilei gewesen ist? Das war der Mann, der vor rund 350 Jahren den berühmten Satz gesagt hat: „Und sie bewegt sich doch!“ Damit war die Erde gemeint.

Das war im Jahre 1633. In Florenz war ein Jahr zuvor Galileos Buch erschienen: „Gespräch über die beiden Haupt-Weltsysteme, das ptolemäische und das kopernikanische“. Darin stand, daß die Erde sich bewegt.

Die Menschen wollten das aber damals keinesfalls glauben.

Besonders die Kirche war empört, obwohl Galilei sein Buch dem Papst widmete. Galilei wurde vor ein Gericht gestellt. Er mußte das, was in seinem Buch stand, widerrufen. Und das hat er auch getan – weil er an das Schicksal des armen Giordano Bruno dachte.

Als er den Gerichtssaal verließ, soll Galilei aber geflüstert haben: „Und sie bewegt sich doch.“ Und das stimmte ja auch.

Jetzt wißt ihr mehr als die Langschläfer-Geister. Geister wissen eben auch nicht alles!

Erstes Wissen

In der **Erzähl-mir-Serie**
von Dimiter Inkiow
sind folgende Titel erschienen:

Erzähl mir vom Wasser
Die Abenteuer von Plimp und Plomp

Erzähl mir vom Fliegen
Die ersten Flugabenteuer mit Schaf, Hahn und Ente

Erzähl mir von der Erde
Eine Geisterreise um die Welt

Die **Erzähl-mir-Serie** für Leseanfänger (1. bis 4. Klasse) vermittelt auf spannende und leicht verständliche Weise Sachwissen. Ein Frage- und Antwortspiel am Schluß des Buches vertieft das Gelesene.

Weitere Bände sind in Vorbereitung.

8 9538-8

Das Frage-
und Antwortspiel
ERDE

Frage

Wie viele Erdteile hat die Erde?

Frage

**Sind die Sterne,
die wir nachts am Himmel
beobachten, kleiner als die Erde?**

Frage

**Was bewegt sich auf der Welt
am schnellsten?**

Antwort

Fünf.
Es sind Europa, Amerika, Asien, Afrika und Australien.

Antwort

Ganz im Gegenteil – viel, viel größer.
Sie erscheinen uns nur so klein, weil sie so weit von uns entfernt sind.

Antwort

Das Licht.

Frage

Werden die Entfernungen zwischen den Sternen in Kilometern gemessen?

Frage

Was ist ein Lichtjahr?

Frage

Hat das Universum Grenzen?

Antwort

Nein. In Lichtjahren.
Weil die Entfernungen so groß sind.

Antwort

Das ist der Weg, den ein Lichtstrahl in einem Jahr zurücklegt.

Antwort

Nein.
Es ist ewig und unendlich.